Koch dich *japanisch!*

Einfach, schnell, modern

Angelina Paustian

Koch dich *japanisch!*

Einfach, schnell, modern

av BUCH

Impressum

avBuch im Cadmos Verlag

Layout, Satz und Lektorat:
Jürgen Ehrmann

Covergestaltung:
Ravenstein und Partner

Titelfoto und Fotos im Innenteil:
Ulrich Hantsch

Foto der Autorin:
Alexandra Kaulen

Illustrationen:
Susanne Retsch-Amschler

Druck: Westermann Druck, Zwickau

Deutsche Nationalbibliothek –
CIP-Einheitsaufnahme
Die Deutsche Nationalbibliothek verzeichnet diese Publikation in der Deutschen Nationalbibliografie; detaillierte bibliografische Daten sind im Internet über http://dnb.ddb.de abrufbar.

Printed in Germany

ISBN 978-3-8404-7025-7

Inhaltsverzeichnis

Über die Autorin

Angelina Paustian studiert Ökotrophologie an der Hochschule Osnabrück. Sie hat im Utano Youth Hostel in Kyoto sowie im Catering japanischen Küchenduft geschnuppert und ist ein großer Mangafan.

Ein paar Worte vorweg

Liebe Leserinnen und Leser!

Japan – das Land der aufgehenden Sonne, der Manga, des Cosplay, der Tradition, der wunderschönen Tempel und anderem mehr. Auf der anderen Seite der Welt kann man viel erleben und auch jede Menge Neues kennenlernen.

Abgesehen von den bekannten Attraktionen hat jedoch auch die japanische Küche eine Menge zu bieten! Würzig, süß, sauer, traditionell oder modern – für jeden ist etwas dabei.

Nachdem ich eine Zeit lang in Japan gelebt habe, ist mir diese Küche ans Herz gewachsen, und ich möchte sie nicht mehr missen!

Glücklicherweise konnte ich dort in der Gastronomie arbeiten und die Zubereitung zahlreicher Rezepte erlernen. Damit auch Sie den japanischen Zauber in Ihre Küche holen können, gibt es nun also dieses Buch! Ich hoffe, die japanische Kost lässt auch Ihr Herz etwas höherschlagen.

Also viel Spaß beim Kochen und Ausprobieren!

Angelina Paustian, im August 2013

Wichtige Basics

Sushinori
Sushinori sind ca. 21 x 18 cm breite getrocknete Algenblätter. Es gibt sie je nach Geschmack und verwendeter Algenart in verschiedenen Sorten.

Udon
Udon sind dicke Nudeln aus Weizenmehl. Man kann sie im Asiamarkt in zwei Varianten erwerben. Zum einen gibt es die Nudeln schon dick und kochfertig in Plastik eingeschweißt, zum anderen kann man sie auch getrocknet bekommen. Dann sind sie flach und breit.

Katsuboshi
Katsuboshi – oder auch Bonitoflocken genannt – sind hauchdünne kleine Flocken aus Fisch. Der Bonito (eine Thunfischart) wird dafür geräuchert und dann fein geraspelt.

Wakame
Wakame ist eine einjährige Braunalgenart und kann in den meisten Asiamärkten getrocknet erworben werden. Sie ist sehr reichhaltig an Mineralstoffen und intensiviert den Geschmack der Speisen auf natürlichem Weg.

Inarizushi-Tofutaschen

Diese Tofutaschen können in gut sortierten Asiamärkten oder online (Adressen Seite 96) erworben werden. Sie sind fertig frittiert und in eine süße Marinade eingelegt. Diese fertigen Tofutaschen ersparen Ihnen bei der Zubereitung von Inarizushi viel Arbeit.

Kombu

Kombu (getrocknetes Kelb) ist eine Braunalgenart und hat einen sehr hohen Gehalt an Jod. Zudem haben die Kombualgen eine Vielzahl an Mineralstoffen und sind somit sehr gesund. In Deutschland und Österreich sind sie vor allem getrocknet erhältlich.

Seidentofu

In Japan wird in der Küche größtenteils mit Seidentofu gearbeitet. Er ist sehr mild im Geschmack und hat keine großen Poren auf der Oberfläche. Im Asialaden oder Supermarkt ist er meistens im Tiefkühlregal zu finden.

Eingelegter gelber Rettich

(Tokyo Takuan)

Eingelegter Rettich wird in Japan sehr vielseitig verwendet. Zum einen als Tsukemono, also als Beilage zum Essen, zum anderen in Sushi. Der Rettich sollte nach dem Öffnen im Kühlschrank aufbewahrt werden.

Matcha
Matcha ist ein grüner Tee, der als sehr fein gemahlenes Pulver erhältlich ist. Er wird in Japan vor allem in der traditionellen Teezeremonie oder für Desserts verwendet.

Soba
Das sind Nudeln aus Buchweizenmehl mit einem leicht herben Geschmack. Sie haben einen hohen Gehalt an Ballaststoffen und sind eine beliebte Speise im Sommer.

Panko
Dabei handelt es sich um ein japanisches grobkörniges Paniermehl, das den Speisen eine schöne Kruste verleiht.

Aonori
Diese Art von sehr fein geschnittenen Nori wird zumeist als Topping und Würze für verschiedene Gerichte benutzt.

Okonomiyakisoße
Diese Soße ist in Japan sehr beliebt und auch hier in vielen Asiamärkten erhältlich. Ansonsten wird die Soße auch in vielen Shops im Internet angeboten (Adressen Seite 96).

Ankopaste
Anko ist eine rote Bohnenpaste und wird aus der Adzukibohne hergestellt. Sie hat einen sehr süßen Geschmack und ist recht klebrig. Daher wird sie in der japanischen Küche zur Dessertherstellung verwendet.

Ramennudeln
Ramen stammt ursprünglich aus China, wurde aber in Japan verfeinert. Ramennudeln bekommt man in jedem Asia- und gut sortierten Supermarkt. Eine Packung enthält drei bis vier Bund.

Gyozateig
Den Teig für die Gyoza gibt es in vielen Asiamärkten in der Tiefkühltruhe. Die Teigplatten sind dünn, rund und bestehen aus Weizenmehl und Wasser.

Wasabi
(japanischer Meerrettich)
Wasabipaste wird aus einem zerriebenen Wurzelstock hergestellt und ist bekannt für seine grelle grüne Farbe und Schärfe. Kaufen kann man Wasabi als fertige Paste oder als Pulver. Dieses kann man mit wenig Wasser zu einer Paste anrühren.

Das braucht man auch noch oft

Currywürfel
Curry wird auch in Japan gern gegessen. Man hat sogar eine ganz eigene japanische Gewürzmischung kreiert. Die Currywürfel gibt es in drei Sorten: mild, mittel und scharf.

Klebreismehl und Reismehl
Das Klebreismehl wird in der japanischen Küche gerne für Desserts verwendet. Beide Mehle sind glutenfrei. (Kleb-)Reismehl sorgt in Desserts für eine stabile Konsistenz.

Mirin
Dies ist ein sehr süßer Reiswein, der zum Würzen von vielen japanischen Speisen unerlässlich ist.

Misopaste
Misopaste besteht aus gedämpften Sojabohnen, Salz und Gärstoffen. Die zwei grundlegenden Arten sind dunkle und helle Misopaste. Die hellere ist geschmacklich etwas sanfter als die rote und wird gern in der Region um Kyoto verzehrt.

Sake
Sake ist ein japanischer Schnaps, der in der Küche oft verwendet wird. Guter Sake eignet sich natürlich nicht nur zum Kochen, sondern schmeckt auch heiß oder kalt getrunken ausgezeichnet.

Su
Das ist ein heller Reisessig, der in fast allen Asia- und auch gut sortierten Supermärkten erhältlich ist. Er ist eine wichtige Grundlage bei der Zubereitung von diversen Sushigerichten.

Sushireis
Diesen in Japan gebäuchlichen Reis findet man hierzulande inzwischen in Asiashops oder gut sortierten Supermärkten.

Tonkatsusoße
Sie ist sehr würzig und dabei im Geschmack sehr eigen. Da man das Rezept zu Hause nicht ohne Weiteres nachmachen kann, sollte man Tonkatsusoße am besten fertig im Asialaden kaufen.

Tsuyu
Diese Soße wird zu Soba gegessen. Sie sollte nach dem Öffnen im Kühlschrank aufbewahrt und möglichst schnell verzehrt werden. Farblich ähnelt sie Sojasoße.

Yakisobasoße
Sie ist sehr aromatisch, schaut farblich wie die Okonomiyakisoße aus und verleiht dem Gericht den typischen Yakisoba-Geschmack. Am besten bestellt man die Soße in ausgesuchten Onlineshops (Adressen Seite 96).

Essen mit Stäbchen

Das Essen mit Stäbchen ist nicht immer leicht. Aber mit ein wenig Übung sollte es nach kurzer Zeit problemlos gelingen.

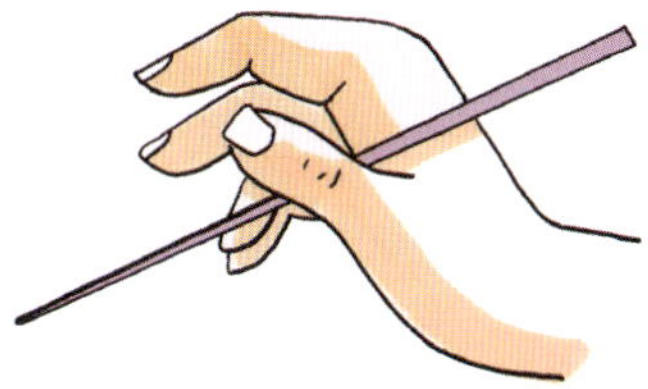

1. Nehmen Sie das erste Stäbchen auf und legen Sie es zwischen Daumenbeuge und Ringfinger. Dabei zeigt das dicke Ende des Stäbchens in Richtung Ellenbogen und das dünne Ende in Richtung Zeigefingerspitze.

Drücken Sie mit dem Daumen gegen das Stäbchen, sodass es fest ist und nicht bewegt werden kann.

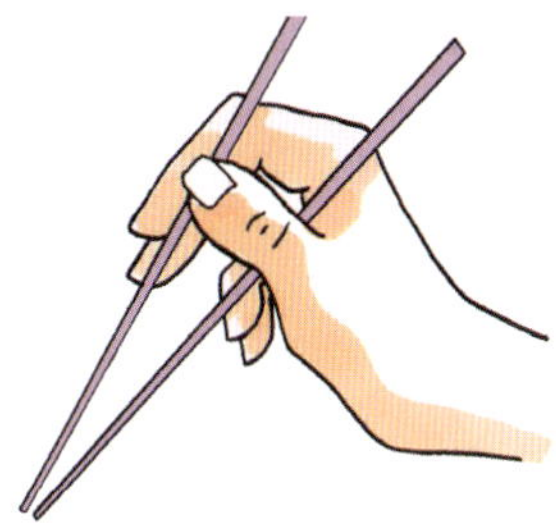

2. Nehmen Sie nun das zweite Stäbchen auf und legen Sie es zwischen Daumenspitze und Zeigefinger. Das dicke Ende des Stäbchens zeigt dabei wieder in Richtung Ellenbogen und das dünne Ende in Richtung Ringfingerspitze.

Fixieren Sie das Stäbchen, indem Sie den Zeigefinger und den Mittelfinger auf die Oberseite des zweiten Stäbchens legen.

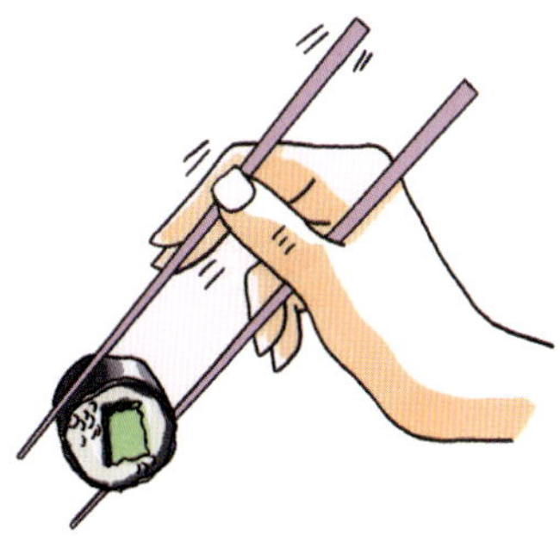

3. Bewegen Sie den Zeige- und Mittelfinger. Dadurch bewegt sich nur das obere Stäbchen, sodass die Leckereien zwischen die beiden Stäbchen eingeklemmt und zum Mund geführt werden können.

KIRIN

Suppen

Anders als in Europa spielen Suppen in Japan zu jeder Mahlzeit eine wichtige Rolle. Doch wie isst man diese eigentlich? Suppen werden generell mit Stäbchen gegessen. Damit werden alle festen Bestandteile der Suppe wie etwa Tofu, Algen, Nudeln, Fleisch oder Gemüse aufgenommen und dann gegessen. Die Brühe wird nebenbei oder am Schluss aus der Schüssel getrunken.

Eine Ausnahme gibt es jedoch. Zu Ramen wird immer ein chinesischer Löffel gereicht. Man nimmt die Nudeln mit den Stäbchen auf und legt sie dann nur mit einem Ende in den Löffel.

Japanische Suppen sind leicht, gesund und sehr beliebt. Daher verwundert es auch nicht, dass Misosuppe in Japan sowohl zum Frühstück, zum Mittag- und zum Abendessen gereicht wird.

Auch Nudelsuppen sind ein wahrer Hit im Land der aufgehenden Sonne. Mittags oder abends essen die Japaner gerne eine leckere Ramen- oder Udonsuppe. Diese Suppen werden mindestens einmal pro Woche verzehrt.

Dashibrühe

Für ca. 700 ml
700 ml Wasser
2 Stücke Kombu
(jeweils ca. 10 x 15 cm)
15 g Katsuboshi

oder:
5 g Instant-Dashibrühe
750 ml Wasser

1. Das Wasser und die Kombustreifen in einem Topf auf mittlere Hitze erwärmen. Kurz vor dem Kochen die beiden Kombustreifen mit einem Löffel aus dem Wasser nehmen (sonst würde die Dashibrühe später bitter werden).

2. Die Katsuboshi zur Brühe geben, aufkochen und 5 Minuten kochen lassen. Dann den Topf vom Herd nehmen und die Brühe durch ein feinporiges Sieb abseihen.

Für Instantbrühe das Wasser in einem Topf zum Kochen bringen und das Dashipulver darin auflösen. Die Packungsbeilage beachten.

In einem verschlossenen Glas hält sich der frische Dashi im Kühlschrank ungefähr eine Woche.

Zoni

Japanische Neujahrssuppe

Für 4 Portionen

60 g Klebreismehl
20 g Reismehl
70 ml Wasser
100 g Blattspinat
2 Blatt Chinakohl
1 kleine Karotte
200 ml Hühnerbrühe
800 ml Dashibrühe
(Seite 16)
3 EL Sojasoße
2 EL Sake
1 Frühlingszwiebel

Backpapier

1. Klebreismehl, Reismehl und Wasser in einer Schüssel zu einem glatten Teig kneten. Dieser sollte die „Konsistenz eines Ohrläppchens" haben. Daraus mit den Händen 8 gleich große Kugeln formen. Aus dem Backpapier Quadrate schneiden, die so groß wie die Reismehlkugeln sind, und die Bällchen daraufsetzen.

2. Dämpfen im Reiskocher: In den Kochtopf des Reiskochers 200 ml Wasser füllen. Den Dämpfaufsatz einlegen und einige der Backpapier-Reisteigbällchen auf den Dämpfeinsatz legen, sodass dazwischen noch etwas Platz ist. Den Reiskocher schließen, auf „Kochen" einstellen und 15 Minuten dämpfen lassen.

3. Dämpfen im Bambusdämpfer: Einen Topf, auf den der Dämpfer passt, mit Wasser füllen und zum Kochen bringen. Die Backpapier-Reisteigbällchen in den Dämpfer legen, schließen und 15 Minuten dämpfen lassen.

4. Den Spinat gründlich waschen und putzen. Dann die beiden Kohlblätter jeweils in etwa 4 gleich große Stücke schneiden. Die Karotte schälen und in dünne Ringe schneiden.

5. Hühnerbrühe, Dashi, Sojasoße und Sake zum Kochen bringen. Chinakohl, Spinat und Karotten in die kochende Brühe geben, 6 Minuten mitkochen. Inzwischen die Frühlingszwiebel waschen und in dünne Ringe schneiden.

6. Fertige Reisbällchen vorsichtig vom Backpapier lösen (je nach Art des Backpapiers können sie etwas daran kleben). Jeweils 2 Reisbällchen in eine Schüssel legen und mit der heißen Suppe übergießen. Nun in jede Schüssel 2 Stücke Chinakohl, Karotten und Spinat geben und mit Zwiebelringen garnieren.

Man kann die Reisbällchen auch in einem Nudelsieb über einem Wasserbad dämpfen. Dabei die Reisbällchen mit einem Deckel abdecken.

Misosuppe

Für 4 Portionen
900 ml Dashibrühe (Seite 16)
3 EL weiße oder rote Misopaste (die weiße Paste ist etwas milder als die rote)
½ Stück Seidentofu
2 Frühlingszwiebeln
1 ½ EL getrocknete Wakame

1. Die Dashibrühe in einem Topf zum Kochen bringen. Die Misopaste dazugeben und so lange mit einem Löffel umrühren, bis sich die Paste in der Brühe aufgelöst hat.

2. Das halbe Stück Tofu in kleine Würfel schneiden. Dazu den Tofu in die Hand nehmen und vorsichtig 3- bis 4-mal horizontal und vertikal einschneiden. Auf einem Brett die Frühlingszwiebeln in hauchdünne Ringe schneiden. Umso dünner die Ringe sind, desto besser entfaltet sich später der Geschmack in der Suppe.

3. Wakame, Tofuwürfel und Zwiebelringe in die Suppe geben und alles 5 Minuten kochen lassen. Mit einem Schöpflöffel die Suppe in passende Schalen füllen und möglichst heiß servieren.

Misosuppe kann morgens, mittags und abends gegessen werden. Gut dazu passen Reis, Fisch, Fleisch und Gemüse.

Es gibt viele Varianten der Misosuppe. Einfach ausprobieren und verschiedenes Gemüse, wie zum Beispiel Pilze, Kohl, Karotten oder Kartoffeln in die Suppe geben.

みそ汁

Ramen

Nudelsuppe

Für 4 Portionen

2 Eier
4 Frühlingszwiebeln
4 Scheiben Schweinebauchbraten
1 Noriblatt
4 Bund Ramennudeln

Für die Brühe:
1 l Hühnerbrühe
500 ml Rinderbrühe
500 ml Dashibrühe (Seite 16)
2 EL Mirin
2 EL Sake
1 TL Feinkristallzucker
8 EL Sojasoße

1. Einen Topf mit Wasser zum Kochen bringen und die Eier für 8 Minuten darin hart kochen. Währenddessen die Frühlingszwiebeln in dünne Ringe schneiden und das Bratenfleisch halbieren, sodass insgesamt 8 Stücke entstehen. Das Noriblatt in 4 gleich große Quadrate schneiden.

2. In einem weiteren Topf jedes Bund Ramennudeln einzeln 5 Minuten im heißen Wasser gar werden lassen. Die Nudeln nach dem Kochen auf 4 Schüsseln verteilen.

3. Sämtliche Zutaten für die Brühe in einen Topf geben und zum Kochen bringen.

4. Die Nudeln mit der Suppe übergießen. Die Eier aus der Schale pellen und halbieren. Jeweils 1 Eihälfte, 2 Bratenstücke, einige Zwiebelringe und 1 Noristück auf die Suppe legen. Die Ramen 1 Minute ziehen lassen und dann servieren.

ラーメン

Udon

Dicke Nudeln in der Suppe

Für 4 Portionen
800 ml Wasser
4 Pkg. Udonnudeln
1 l Dashibrühe (Seite 16)
10 EL Sojasoße
5 EL Mirin
2 EL Sake

Topping:
4 Frühlingszwiebeln
4 Aburaage (Seite 63)
4 Shiitake
(getrocknete Pilze eine Stunde vorher in Wasser einweichen lassen)
Wakame nach Belieben

1. Das Wasser in einem Topf zum Kochen bringen. Eine Packung Udonnudeln in das kochende Wasser geben. Die Nudeln 3 Minuten lang kochen lassen. Mit einer Nudelzange die Udon vorsichtig aus dem Wasser heben und in eine Servierschüssel geben. Mit den restlichen Nudeln ebenso verfahren.

2. Die Frühlingszwiebeln in dünne Ringe schneiden. Dashibrühe, Sojasoße, Mirin und Sake in einen Topf geben und aufkochen lassen. Die heiße Udonbrühe über den Nudeln verteilen. Jeweils 1 Aburaage und einen Pilz in jede Suppe geben. Dazu jede Suppe mit Frühlingszwiebeln bestreuen. Nach Belieben getrocknete Wakame in die Suppe geben.

Das Topping kann nach Belieben variieren. Ebenso sind auch Tonkatsu (Seite 40), Eier und Tempura (Seite 50) möglich!

うどん

Hauptspeisen

Sie bilden zwar die zentrale Rolle in einem japanischen Menü, sind jedoch keineswegs die mengenmäßig größte Komponente. Eine Hauptspeise ist von der Portionsgröße genauso anzurichten wie eine Beilage. In Japan gilt das Motto: Weniger is(s)t mehr!

Ausnahmen hierbei bilden Gerichte wie Yakisoba und Okonomiyaki, die als große Portionen angerichtet und serviert werden.

Die wichtigste aller Hauptspeisen ist der Reis. Dieser wird morgens, mittags und abends verzehrt, sei es zu Hause oder unterwegs. In Kombination mit Beilagen kann er auch als eigenständiges Menü aufgefasst werden.

Reis

Für 4 Portionen
450 g Sushireis
450 ml Wasser
Wasser zum Abwaschen

1. Den Reis in eine Schüssel füllen, frisches Wasser dazugeben und mit einem Schneebesen mehrmals umrühren. Das Wasser wieder vorsichtig abgießen, sodass kein Reiskorn weggespült wird. Dieser Vorgang sollte mindestens 6- bis 7-mal wiederholt werden, bis das Wasser beim Abgießen fast klar ist.

2. Im Reiskocher: Den gewaschenen Reis in den Reiskocher füllen und das Wasser dazugeben. Den Reiskocher auf „Kochen" stellen und so lange warten, bis die Kontrollleuchte ausgeht (das kann je nach Modell variieren).

3. Im Topf: Den Reis und das Wasser in einen Topf füllen. Den Inhalt bei mittlerer Hitze zum Kochen bringen und so lange köcheln lassen, bis das ganze Wasser aufgesogen wurde. Dabei gelegentlich umrühren, damit der Reis nicht anbrennt.

Reis wird in Japan zu fast jedem Gericht gereicht. Wenn man nur Reis genießen möchte, kann man ihn mit ungerösteten schwarzen Sesamkörnern und eingelegtem gelbem Rettich etwas aufpeppen. Den Sesam einfach auf den Reis streuen und den gelben Rettich klein geschnitten dazu essen.

Bitte aufpassen, dass der Reis unten nicht anbrennt. Sonst schmeckt die ganze Portion verbrannt!

Omuraisu

Gemüsereis im Omelett

Für 4 Portionen
300 g ungekochter Reis
600 g Gemüse nach Wahl (z. B. Karotten, gelbe und grüne Paprika, Zwiebeln, Knoblauch)
200 g Ketchup
Salz, Pfeffer
12 Eier

7 EL Öl zum Braten

Ketchup zum Verzieren

1. Den Reis nach Anleitung kochen (Seite 26). Das Gemüse in kleine Würfel schneiden. Umso kleiner die Gemüsewürfel sind, desto feiner ist später der Geschmack.

2. Das Gemüse mit einem Esslöffel Öl in einem Wok oder einer großen Pfanne anbraten, bis es eine weiche, aber dennoch bissfeste Konsistenz hat. Den fertigen Reis und das Ketchup dazugeben. Alles gut miteinander vermischen, sodass es keine weißen Stellen mehr im Reis gibt. Bei Bedarf mehr Ketchup verwenden. Mit Salz und Pfeffer abschmecken.

3. Den Gemüsereis beiseitestellen und eine zweite Pfanne erhitzen. Währenddessen die 12 Eier aufschlagen, in eine Schüssel geben und mit einem Schneebesen verquirlen.

4. 2 EL Öl in die Pfanne geben und dann so viel Eimasse dazugießen, dass die ganze Pfanne bedeckt ist. Die Eimasse bei mittlerer Hitze 3 Minuten backen. Dann mit einem Esslöffel Gemüsereis in die Mitte des Eierkuchens füllen und umklappen, sodass eine gefüllte Omeletttasche entsteht. Mit der restlichen Eimasse ebenso verfahren. Auf einem Teller servieren und mit Ketchup garnieren.

Zu diesem Gericht passt die Currysoße vom Kareraisu (Seite 32).

Gyudon

Rindfleischtopf mit Zwiebeln

Für 4 Portionen

1 Zwiebel
500 g Rinderminutensteak
500 ml Dashibrühe (Seite 16)
7 EL Sojasoße
4 EL Mirin
1 EL Sake
2 EL Feinkristallzucker

450 g ungekochter Reis (Seite 26)

4 Eier

1. Die Zwiebel mit einem scharfen Messer achteln, das Fleisch in mundgerechte Stücke schneiden.

2. Dashibrühe, Sojasoße, Mirin, Sake und Zucker in einem Topf zum Kochen bringen. Die Zwiebel- und Fleischstücke in die Soße geben und 10 Minuten auf hoher Hitze köcheln lassen.

3. Den Reis nach Anleitung kochen (Seite 26). Vier Schüsseln mit Reis füllen und das Gyudon ebenfalls verteilen. Dazu wird in einer kleineren Schüssel ein rohes Ei serviert. Dieses kann später in die Schüssel mit dem Gyudon und dem Reis gegeben und verrührt werden.

Gut zu Gyudon passt Misosuppe (Seite 18). Wer kein rohes Ei mag, kann es auch einfach weglassen.

牛丼

Gyuniku to shouga

Rindfleisch mit Ingwer

Für 4 Portionen

600 g Rinderminutensteaks
20 g Ingwer
100 ml Sake
3 EL Mirin
3 EL Sojasoße
1 EL Feinkristallzucker

1. Das Rindfleisch in mundgerechte Stücke und den geschälten Ingwer in kleine, längliche Stücke schneiden.

2. Sake, Mirin, Sojasoße und Zucker in einem Topf heiß werden lassen, sodass sich der Zucker auflöst.

3. Das Fleisch und den Ingwer in den Topf geben und so lange kochen lassen, bis die Flüssigkeit komplett eingekocht ist. Dabei ständig umrühren, damit das Fleisch und die Soße nicht anbrennen. Sobald die Flüssigkeit eingekocht ist, den Topf sofort von der Herdplatte nehmen und das Fleisch auf einem Teller anrichten.

Gut dazu passen Reis, Spinat gomaae (Seite 47), Kabochasalada (Seite 48), Tamagoyaki (Seite 56) und frischer Blattsalat.

牛肉と姜

Kareraisu

Curryreis

Für 4 Portionen
4 große Kartoffeln
2 Karotten
1 Zwiebel
300 g Rinderminutensteaks
700 ml Wasser
240 g japanischer Currywürfel (je nach Geschmack mild, mittel oder scharf)

450 g Reis (Seite 26)

2 EL Öl zum Braten

1. Die Kartoffeln und die Karotten schälen und in Stücke schneiden. Die Zwiebel schälen und vierteln. Die Rindersteaks mit Küchenpapier abtupfen und in mundgerechte Stücke schneiden.

2. Öl in einen großen Topf geben und die Rindfleischstücke 1 Minute bei starker Hitze anbraten. Dann die Zwiebel-, Kartoffel- und Karottenstücke dazugeben und 1 weitere Minute mitschmoren lassen.

3. Als Nächstes das Gargut mit dem Wasser ablöschen und den Eintopf 15 Minuten köcheln lassen. Dabei gelegentlich umrühren, damit am Boden nichts anbrennt.

4. Dann den Currywürfel in kleine Stücke brechen. Diese in den Topf geben und so lange mit einem Löffel umrühren, bis sich die Würfel aufgelöst haben.

5. Den Eintopf weitere 15 Minuten köcheln lassen, dabei wieder gelegentlich umrühren. Sollte die Konsistenz zu dickflüssig sein, kann mit Wasser verdünnt werden, bis die gewünschte Sämigkeit erreicht worden ist.

Kare wird mit Reis serviert und gerne mit Salat oder Beni Shouga (Sushi-Ingwer, Seite 70) gegessen.

Man kann Kare gut variieren, indem man das Gemüse je nach Vorlieben (zum Beispiel Paprika, Tomaten oder Pilze) austauscht.

カレー

Mochiko Chicken

Japanische Nuggets

Für 4 Portionen

600 g Hähnchenbrustfilet
2 Frühlingszwiebeln
1 Knoblauchzehe
2 Eier
4 EL Reismehl
4 EL Stärke
4 EL Feinkristallzucker
1 TL Salz
½ TL Dashipulver
3 EL Sojasoße

400 ml Öl zum Frittieren

1. Das Hähnchenbrustfilet in mundgerechte Stücke schneiden, sodass man sie später gut mit den Stäbchen halten kann. Die Frühlingszwiebeln waschen und in dünne Ringe schneiden, die Knoblauchzehe hacken.

2. Alle Zutaten in eine Schüssel geben und kräftig verrühren, sodass sich eine einheitliche Marinade ergibt. Die Schüssel abgedeckt in den Kühlschrank stellen und für mindestens 2 Stunden ziehen lassen. Den besten Geschmack bekommen die Mochiko Chicken, wenn sie über Nacht durchziehen können.

3. Sobald das Huhn durchgezogen ist, das Öl in einen kleinen Topf geben und bei mittlerer Hitze heiß werden lassen. Das Öl sollte eine Temperatur von 170 °C nicht überschreiten.

4. Mit einem Holzstäbchen testen, ob das Öl schon heiß genug ist. Dazu einfach das Stäbchen in das Fett halten. Bilden sich daran kleine Blasen, können die Mochiko Chicken frittiert werden. Dazu das Fleisch nach und nach in das Öl geben und so lange braten, bis die Nuggets rundherum eine goldgelbe Kruste haben.

5. Nun das fertige Fleisch mit einer Schaumkelle aus dem Fett heben, auf Küchenpapier abtropfen lassen und servieren.

Reis (Seite 26), Onigiri (Seite 94) oder Thunfisch-Kartoffelsalat (Seite 54) sowie frischer Blattsalat oder Kabochasalada (Seite 48) und Zonisuppe (Seite 17) sind ganz hervorragende Begleiter.

Süßsaure Soße und ein bisschen Zitronensaft schmecken dazu ganz ausgezeichnet. Die Soße eventuell im Servierlöffel dazu reichen.

もちこチキン

Okonomiyaki

Japanische Pfannkuchen

Für 4 Stück

200 g Weißkohl
4 Frühlingszwiebeln
200 g Bacon
300 g Weizenmehl
300 ml Wasser
4 Eier
250 ml Okonomiyakisoße

8 EL Öl zum Backen

1. Den Kohl, die Frühlingszwiebeln und den Bacon in kleine Stücke schneiden. Das Mehl mit dem Wasser zu einem glatten Teig verrühren. Dann die Eier hinzufügen und verquirlen.

2. Die Kohl- und Frühlingszwiebelstücke unter den Teig heben. In eine Pfanne 2 EL Öl geben und heiß werden lassen. Dann mit einer Kelle so viel Okonomiyakiteig in die heiße Pfanne geben, dass diese flach damit bedeckt ist.

3. Den Teig mit Baconstückchen bestreuen und 3 Minuten auf mittlerer Hitze backen, dann wenden und weitere 3 Minuten backen. Sollte der Teig etwas zu dick geworden sein, kann man ihn nochmals wenden und weitere 2 Minuten backen.

4. Den Okonomiyaki aus der Pfanne heben und auf einen hitzebeständigen Teller legen. Diesen bei 50 °C im Backofen warm halten. Dieses Prinzip so lange wiederholen, bis der Teig aufgebraucht ist

5. Die Pfannkuchen auf Teller verteilen. Jeweils mit 3 bis 4 EL Okonomiyakisoße bestreichen.

Je nach Vorliebe kann der Okonomiyaki noch mit Mayonnaise, Aonori und/oder Katsuboshi aufgepeppt werden.

お好み焼き

Teriyaki Salmon

Lachs in Teriyakisoße

Für 4 Portionen
100 ml Mirin
240 ml Sojasoße
100 ml Sake
6 EL Feinkristallzucker
2 TL geriebener Ingwer
2 Knoblauchzehen
500 g (4 Stücke) frisches Lachsfilet (am besten mit Haut)

Frischhaltefolie

1. Mirin, Sojasoße, Sake und Zucker in einer mittelgroßen Schüssel mischen. Den Ingwer und die Knoblauchzehen mit einer Reibe in die Soße reiben.

2. Die 4 Lachsstücke in die Marinade legen und die Schüssel mit Frischhaltefolie abdecken. Nun den Fisch in den Kühlschrank stellen und mindestens 1 Stunde ziehen lassen.

3. Eine Auflaufform mit Backpapier auslegen und die Lachsstücke darauf ausbreiten. Den Fisch im Backofen bei 180 °C für 15 Minuten garen. Je nach dem, wie dick und groß die Stücke sind, kann sich die Garzeit etwas verlängern.

4. Den Lachs vorsichtig aus der Form heben und auf Tellern anrichten.

Gut zu dem Lachs passen Reis (Seite 26), Zaru Soba (Seite 58) und Hiya Yakko (Seite 52). Wer es etwas schärfer mag, kann Wasabipaste dazu reichen.

照り焼きサーモン

Tonkatsu

Knuspriges Schnitzel mit würziger Soße

Für 4 Portionen
400 g Weißkohl
2–3 Eiswürfel
4 Schweineschnitzel
2 Eier
200 g Weizenmehl
150 g Panko
250 g Tonkatsusoße

Öl zum Braten
oder Frittieren

1. Den Kohl in hauchdünne Streifen schneiden. Die Streifen in ein Sieb geben. Eine Schüssel mit kaltem Wasser füllen und das Sieb hineinlegen, sodass der Kohl im Wasser schwimmt. Die Eiswürfel in das Wasser legen.

2. Die Schnitzel mit Küchenpapier abtupfen. Die Eier verquirlen. Dann das Mehl, die verquirlten Eier und das Panko jeweils in eine eigene Schüssel füllen, in die das Fleisch von der Länge und Breite her hineinpasst.

3. Das Fleisch zuerst im Mehl wenden, dann vollständig in die Eier tauchen und zum Schluss so lange im Panko drehen, bis es vollständig damit bedeckt ist. Es sollten zu einem Zeitpunkt immer nur so viele Fleischstücke paniert werden, wie in eine Pfanne oder Friteuse passen. Ansonsten würde das Ei die Panko-Panade aufweichen und das Tonkatsu seine typische Konsistenz verlieren.

4. Das panierte Fleisch entweder in einer Pfanne braten oder in einem Topf frittieren. Beim Frittieren sollte eine Temperatur von 170 °C nicht überschritten werden. Die Tonkatsu sind fertig, wenn das Panko eine goldgelbe Farbe angenommen hat. Das Fleisch mit einer Schaumkelle aus dem Öl heben und auf Küchenpapier abtropfen lassen.

5. Die Schnitzel in längliche Stücke schneiden. 100 g Kohl und ein Schnitzel pro Teller anrichten und mit der Tonkatsusoße garniert servieren.

Reis (Seite 26) und frisches Gemüse, wie Karotten, Gurke und Zwiebelringe, Kabochasalada (Seite 48), Tamagoyaki (Seite 56) sowie Gyoza (Seite 92) eignen sich hervorragend als Beilagen.

豚カツ

Yakisoba

Bratnudeln

Für 4 Portionen
2 l Wasser
200 g Karotten
1 Zwiebel
200 g Weißkohl
350 g Schweineschnitzel
oder Schweinebauch
4 Nester Instantnudeln
(auch Mienudeln genannt)
2 EL Öl
250 g Yakisobasoße

Mayonnaise, Aonori
nach Belieben

1. 2 Liter Wasser in einem Topf zum Kochen bringen. Währenddessen die Karotten schälen und halbieren. Mit einem Sparschäler die Karottenhälften in dünne Streifen schneiden. Die Zwiebel schälen, in Ringe schneiden und diese halbieren, den Kohl und das Fleisch in kurze Streifen schneiden.

2. Die Nudelnester in das kochende Wasser geben und 3 Minuten darin weich werden lassen. Danach das Wasser abgießen und die Nudeln beiseitestellen.

3. Das Öl in einem Wok oder in einer großen Pfanne erhitzen und das Fleisch 1 Minute darin anbraten. Dann die Zwiebeln, den Kohl und die Karotten dazugeben und alles bei starker Hitze ca. 7 Minuten anbraten. Gelegentlich umrühren, damit nichts anbrennt.

4. Zuletzt die Nudeln und die Soße dazugeben und alles gut vermischen. Das Yakisoba auf 4 Tellern anrichten und heiß servieren. Nach Geschmack mit Mayonnaise und/oder Aonori würzen.

Yakisobapan

Für 4 Stück
4 Hot-Dog-Brötchen
300 g Yakisoba

Mayonnaise, Aonori
nach Belieben

1. Die Hot-Dog-Brötchen an der Seite einschneiden. Die eingeschnittenen Brötchen vorsichtig aufdrücken.

2. Die Yakisobanudeln in die Brötchen geben und mit der Mayonnaise einen Streifen darauf ziehen. Nach Geschmack mit Aonori bestreuen.

In Japan wird Yakisoba am liebsten mit Mayonnaise gegessen!

Yakisobapan eignet sich hervorragend, um Reste zu verarbeiten!

焼き蕎麦

Beilagen

In Japan sind die Beilagen mindestens genauso wichtig wie die Hauptspeise. Zu jedem Menü gibt es zumeist eine Hauptspeise und drei bis vier Beilagen sowie eine Suppe. Dabei sind alle Portionen gleich groß und jede Komponente wird auf einem eigenen kleinen Teller oder in einer Schüssel serviert. Jeder Gast hat also in der Regel fünf bis sechs Schüsseln vor sich stehen.

Aufgrund dieser besonderen Esskultur erlebt der Gaumen eine kulinarische Reise durch verschiedene Geschmackswelten. Auf diese Weise und wegen der kleinen Portionsgrößen fühlt sich der Körper länger satt; Heißhungerattacken sind in Japan ein Fremdwort.

Alle Beilagen in diesem Buch können auch hervorragend zur Arbeit, in die Schule oder auf die Uni mitgenommen und gegessen werden.

Kabocha

Zarte Kürbisschätze

Für 4 Portionen
500 g Hokkaidokürbis
500 ml Dashibrühe
(Seite 16)
4 EL Feinkristallzucker
2 EL Sojasoße

1. Den Hokkaidokürbis gegebenenfalls halbieren und mit einem Esslöffel die Kerne und das faserige Fleisch entfernen. Den Kürbis in mundgerechte Stücke schneiden. Schälen ist nicht unbedingt notwendig, da man die Schale mit essen kann.

2. Die Dashibrühe, den Zucker und die Sojasoße in einem Topf erhitzen. Sobald sich der Zucker aufgelöst hat und die Brühe zu kochen beginnt, die Kürbisstücke dazugeben.

Den Topf zudecken und den Kürbis bei mittlerer Hitze ca. 10 Minuten köcheln lassen (je nach Größe der Stücke). Wenn man den Kürbis mit einer Gabel ohne großen Kraftaufwand teilen kann, ist er fertig.

Kabocha passt sehr gut zu Teriyaki Salmon (Seite 38), Tonkatsu (Seite 40) sowie Reis (Seite 26).

Spinat gomaae

Spinat mit Sesamsoße

Für 4 Portionen

500 g frischer Blattspinat mit Wurzeln
4 EL ungerösteter weißer Sesam
2 EL Sojasoße
1 EL Feinkristallzucker
1 EL Sake
2 EL Mirin

1. Den Spinat gründlich waschen und eventuell von welken Blättern befreien. Einen Topf, in den der Spinat komplett hineinpasst, mit Wasser füllen und dieses zum Kochen bringen.

2. Sobald das Wasser kocht, die Stängel mitsamt der Wurzel in das Wasser halten und so 1 Minute köcheln lassen. Dann den Spinat vollständig in das Wasser geben und 2 Minuten kochen lassen.

3. Das Gemüse aus dem Topf nehmen und unter kaltem Wasser abspülen, bis es nicht mehr heiß ist. Die Wurzeln am oberen Ende mit einem Messer entfernen, die Stängel sollten in voller Länge erhalten bleiben. Den Spinat mit den Händen vorsichtig zusammendrücken, sodass ein Teil des Wassers heraustropft.

4. Eine Pfanne erhitzen und den Sesam hineingeben. Diesen so lange rösten, bis die ersten Sesamsamen anfangen zu hüpfen. Dann die Samen sofort in einen Mörser geben. Bleiben sie nämlich zu lange in der Pfanne, werden sie dunkelbraun und schmecken bitter.

5. In einem Mörser den Sesam zu einer breiähnlichen Masse zermahlen. Dann mit Sojasoße, Zucker, Sake und Mirin vermischen und zu einem Dressing verrühren. Den Spinat auf 4 Schüsseln verteilen, mit dem Dressing verfeinern und servieren.

Spinat gomaae ist ein kalter Salat und passt deshalb zu allen Hauptspeisen sehr gut.

Kabochasalada

Feiner Kürbissalat

Für 4 Portionen

600 g Hokkaidokürbis
500 ml Dashibrühe (Seite 16)
4 EL Feinkristallzucker
2 EL Sojasoße
2 Frühlingszwiebeln
½ Zwiebel
25 g Rosinen
100 g Mayonnaise

1. Den Kürbis mit der Dashibrühe, dem Zucker und der Sojasoße nach Anleitung kochen (Seite 46).

2. Den gegarten Kürbis in einer Schüssel mit einem Kartoffelstampfer zu Kürbismus verarbeiten und abkühlen lassen.

3. Die Frühlingszwiebeln in hauchdünne Ringe und die Zwiebel in kleine Würfel schneiden.

4. Frühlingszwiebelringe, Zwiebelwürfel, Rosinen und Mayonnaise mit dem abgekühlten Kürbismus vermischen. Den Salat zugedeckt mindestens 1 Stunde im Kühlschrank ziehen lassen.

Kabochasalada schmeckt sehr gut zu Omuraisu (Seite 27), Gyuniku to shouga (Seite 30), Mochiko Chicken (Seite 34), Tonkatsu (Seite 40) und Yakisoba (Seite 42).

Am besten schmeckt der Salat, nachdem er eine Nacht im Kühlschrank durchziehen konnte.

南瓜サラダ

Tempura

Frittiertes Allerlei

Für 4 Portionen
1 Süßkartoffel
1 Zwiebel
2 große Karotten
1 Aubergine
100 g frische Buschbohnen
8 Gambas oder große Garnelen (frisch und ungekocht mit Schale)
200 g Weizenmehl

Teig:
150 g Weizenmehl
200 ml kaltes Wasser
1 Ei
8 Eiswürfel

Dip:
100 g weißer Rettich
240 ml Dashibrühe (Seite 16)
60 ml Mirin
60 ml Sojasoße
1 EL Feinkristallzucker

600 ml Öl zum Frittieren

1. Die Süßkartoffel, Zwiebel und Karotten schälen. Die Aubergine waschen, vom grünen Stängel befreien und wie die Süßkartoffel in dünne Scheiben schneiden. Die Karotten halbieren und dann vierteln. Die Zwiebel in dicke Halbringe schneiden. Die Buschbohnen waschen und die Enden abtrennen.

2. Einen kleinen Topf mit Wasser füllen und zum Kochen bringen. Die Buschbohnen darin 10 Minuten köcheln lassen.

Währenddessen die Gambas vorsichtig aus der Schale befreien. Besonders behutsam bei der Schwanzflosse sein, um sie nicht abzureißen.

Dann die Gambas am Bauch 3- bis 4-mal einschneiden, sodass sie beim Frittieren eine lange, gerade Form behalten.

3. Die Zutaten für den Teig vorsichtig miteinander verrühren, bis ein glatter Teig entsteht. Er sollte nicht geschlagen werden, Klümpchen sind erwünscht. Das Öl in einem Topf bei mittlerer Hitze erwärmen. Es sollte eine Temperatur von 170 °C nicht überschreiten.

4. Das Gemüse und die Gambas in dem Mehl wenden und dann in den Teig tunken. Das mit dem Teig ummantelte Gemüse einzeln in das Öl geben, sodass die Stücke beim Frittieren nicht zusammenkleben. Mit einer Schaumkelle die Tempurastücke aus dem Öl nehmen und auf Küchenpapier abtropfen lassen.

5. Für den Dip den Rettich zu einem feinen Püree reiben. Die restlichen Zutaten daruntermischen und in kleinen Schälchen zum Tempura reichen.

Begleitet Omuraisu (Seite 27), Gyudon (Seite 28), Okonomiyaki (Seite 36), Yakisoba (Seite 42) ausgezeichnet.

てんぷら

Hiya Yakko

Tofu mit Topping

Für 4 Portionen

1 Stück Seidentofu (300 g)
40 g Ingwer
2 Frühlingszwiebeln
4 EL Sojasoße
4 TL Katsuboshi

1. Den abgetropften Tofu in 4 gleich große Stücke schneiden. Dazu mit einem Messer ein Kreuz in den Tofu ziehen. Die Tofustücke auf 4 Schlüsselchen verteilen.

2. Den Ingwer schälen und mit einer Reibe zu Ingwermus verarbeiten. Die Frühlingszwiebeln waschen und in hauchdünne Ringe schneiden.

3. Mit einem Teelöffel den Ingwer auf der Oberfläche der Tofustücke verteilen. Vorsicht! Wer es nicht so scharf mag, sollte nur wenig Ingwer verwenden.

4. Auf den Ingwer die Frühlingszwiebelringe legen und anschließend jeden Tofuwürfel mit jeweils 1 EL Sojasoße übergießen.

5. Kurz vor dem Servieren den Tofu mit dem Katsuboshi verzieren, damit dieser sich nicht zu früh mit Feuchtigkeit vollsaugt.

Hiya Yakko ist ein sehr frisches Tofugericht, das sich zu jedem Hauptgericht gut kombinieren lässt.

Wer kein Katsuboshi mag, keine Sorge! Der Tofu schmeckt auch ohne ganz hervorragend!

冷奴

Thunfisch-Kartoffelsalat

Für 4 Portionen
1,3 kg Kartoffeln
½ Zwiebel
1 Frühlingszwiebel
150 g Thunfisch aus der Dose
200 g Mayonnaise
1 EL Su (Reisessig)
1 EL Sojasoße
Pfeffer, Salz

1. Die Kartoffeln schälen und in Salzwasser gar kochen. Währenddessen die Zwiebel in kleine Würfel und die Frühlingszwiebel in dünne Ringe schneiden.

2. Die fertigen Kartoffeln in eine große Schüssel geben und mit einem Stampfer zu einem weichen Brei verarbeiten.

3. Das Wasser aus der Thunfischdose abgießen. Den Fisch, die Zwiebelwürfel, die Mayonnaise, den Su und die Sojasoße mit dem Kartoffelbrei verrühren und den Salat mit Pfeffer und Salz abschmecken.

4. Den Thunfisch-Kartoffelsalat mit den Frühlingszwiebeln bestreuen und die Schüssel mit Alufolie abdecken. Alles mindestens eine Stunde im Kühlschrank ziehen lassen. Je länger der Salat zieht, desto besser entwickeln sich die Geschmacksstoffe.

Thunfisch-Kartoffelsalat passt sehr gut zu Gyuniku to shouga (Seite 30), Tonkatsu (Seite 40) und Tempura (Seite 50).

ツナポテトサラダ

Tamagoyaki

Gerolltes Omelett

Für 4 Portionen
6 große Eier
2 EL Feinkristallzucker
2 EL Sake
1 EL Sojasoße

Öl zum Braten

1. Eier, Zucker, Sake und Sojasoße mit einem Schneebesen in einer Schüssel verquirlen.

2. Eine kleine Pfanne auf dem Herd erhitzen. Küchenpapier mit Öl tränken und die Pfanne damit auswischen.

3. Die Temperatur auf mittlere Hitze reduzieren. Einen kleinen Teil der Eiermischung in die Pfanne geben, sodass der gesamte Boden der Pfanne damit dünn bedeckt ist.

4. Sobald das Ei fest geworden ist (wie bei einem Pfannkuchen), den Fladen von hinten her aufrollen, sodass aber vorne noch ein kleiner Teil herausschaut. Dann die Pfanne erneut mit dem in Öl getränkten Tuch auswischen.

5. Wiederum einen kleinen Teil der Eiermischung hinzufügen. Darauf achten, dass das flüssige Ei an das feste anschließt, damit sich später eine zusammenhängende Rolle ergibt. Diese Schritte so lange wiederholen, bis die Eimasse aufgebraucht ist. Dann die Eirolle in 6 bis 8 Stücke schneiden und servieren.

Tamagoyaki ist sehr leicht und lecker und passt daher zu jeder Hauptspeise. Es eignet sich ebenso als Snack für unterwegs.

卵焼き

Zaru Soba

Kalte Sommernudeln

Für 4 Portionen
4 Bund braune Soba (japanische Buchweizennudeln)
4 Frühlingszwiebeln
10 Eiswürfel

Soße:
fertige japanische Tsuyusoße

oder:
400 ml Dashibrühe (Seite 16)
6 EL Sojasoße
6 EL Mirin

1. Einen Topf mit Wasser zum Kochen bringen. Die Soba 3 Minuten darin kochen und anschließend das Wasser abgießen.

2. Die Frühlingszwiebeln in dünne Ringe schneiden. Die Buchweizennudeln in ein Sieb geben und dieses in eine Schüssel mit kaltem Wasser legen. Die Eiswürfel zum Wasser geben und die Soba erkalten lassen.

3. Sobald die Nudeln gut gekühlt sind, auf 4 Teller verteilen. Nun entweder die fertige Soße in 4 kleine Schüsseln gießen oder aus den genannten Zutaten einen Dip herstellen. Dazu alle Zutaten miteinander verrühren.

4. Die Frühlingszwiebeln in die Soße geben und die Nudeln mit der Soße servieren. Man isst die Zaru Soba, indem man die Nudeln mit den Stäbchen aufnimmt und dann in die Soße tunkt.

Zaru Soba wird als kleine leichte Sommermahlzeit verzehrt und passt zu allen Fleisch- und Fischgerichten.

Die Sobanudeln gibt es auch in anderen Geschmacksrichtungen wie etwa Grüner-Tee-Soba.

ざる蕎麦

Sushi

Sushi ist ein sehr leichtes, gesundes und sättigendes Gericht, das mit ein wenig Übung schnell zuzubereiten ist. Wichtig bei den kleinen Röllchen ist die Marinade, mit der der Reis getränkt wird.

Sushi werden mit Stäbchen gegessen und immer als Ganzes verzehrt. Also nicht vom Sushi abbeißen, auch wenn es manchmal vielleicht etwas groß geraten ist.

Wer die üblichen Einlagen wie gelben Rettich, Tofu, Gurke und Fisch einmal durchprobiert hat, kann ohne Weiteres kreativ werden. Wie wäre es zum Beispiel mal mit Roastbeef statt Gurke oder Frischkäse statt Rettich?

Ein Tipp noch: Die Thunfischfüllung der Onigiri auf Seite 94 schmeckt auch hervorragend in Makisushi!

Sushireis

300 g Sushireis
4 EL Su (Reisessig)
2 EL Mirin
1 EL Feinkristallzucker
1 Prise Salz

1. Den Reis in eine Schüssel füllen und waschen. Dazu frisches Wasser in die Schüssel geben und mit einem Schneebesen mehrmals umrühren. Das Wasser vorsichtig abgießen, sodass kein Reiskorn weggespült wird. Dann erneut Wasser in die Schüssel geben und den Reis damit waschen. Dieser Vorgang sollte mindestens 6- bis 7-mal wiederholt werden. Am Schluss sollte das abgegossene Wasser fast klar sein.

2. Den Reis im Reiskocher oder im Kochtopf auf mittlerer Hitze mit 300 ml Wasser gar kochen. Wenn der Sushireis im Kochtopf gekocht wird, gelegentlich mit einem Löffel umrühren, damit er nicht anbrennt.

3. Su, Mirin, Zucker und Salz in einem zweiten Kochtopf erhitzen und kochen, bis sich der Zucker aufgelöst hat. Den Reis auf einem Tablett flach ausbreiten und die Essigmischung darübergießen. Mit einem Löffel den Reis mehrmals wenden, damit er vollständig mit der Essigmischung durchtränkt ist.

4. Den Reis vollständig abkühlen lassen. So kann sich die Würze entfalten und das Sushi bekommt später einen vollen, runden Geschmack.

Inarizushi

Sushi in der süßen Tasche

Für 12 Stück
600 g ungekochter Sushireis
schwarzer Sesam
12 Inarizushi-Tofutaschen
(ich empfehle die gekauften)

Oder für Aburaage
(Inarizushi-Tofutaschen)
zum Selbermachen:
1 Stück Seidentofu (300 g)
400 ml Dashibrühe
(Seite 16)
6 EL Feinkristallzucker
3 EL Mirin
5 EL Sojasoße

Öl zum Frittieren

1. Den Reis nach Anleitung kochen (Seite 62). Die fertigen, frittierten Tofutaschen in der Mitte vorsichtig aufschlagen und mit Reis füllen. Den Reis mit schwarzem Sesam bestreuen.

Für selbst gemachte Aburaage wie folgt vorgehen:

1. Aus dem Tofu mit einem scharfen Messer 6 dünne Tofuschichten schneiden.

2. Das Öl in einem Topf auf mittlerer Stufe heiß werden lassen. Sobald das Öl heiß ist, eine der Tofuscheiben hineinlegen und so lange frittieren, bis sie eine goldgelbe Farbe hat. Achtung! Ist das Öl zu heiß, sind die Tofuscheiben außen fertig und innen roh.

Die Tofuscheibe mit einer Schaumkelle aus dem Öl heben und auf Küchenpapier abtropfen lassen. Dann die restlichen Tofuscheiben ebenso frittieren.

3. Dashibrühe, Zucker, Mirin und Sojasoße in einem Topf zum Kochen bringen. Die frittierten Taschen in den Sud geben und die Flüssigkeit fast vollständig einkochen lassen.

4. Die fertigen Aburaage abkühlen lassen, dann mit einem scharfen Messer halbieren. Zuletzt die Hälften so aufschneiden, dass eine Tasche entsteht.

Makizushi

Sushirolle

Für jeweils 8 Gurken-, Rettich-, Lachs- und Aburaage-Maki

300 g ungekochter Sushireis
½ Salatgurke
1 Stück eingelegter, gelber Rettich (Tokyo Takuan)
4 Blatt Sushinori
Wasabipaste
10 g geräucherte Lachsscheiben
1 Aburaage (Seite 63)
Sojasoße

Sushimatte

1. Den Reis nach Anleitung kochen (Seite 62). Aus der halben Gurke und dem gelben Rettich zwei lange, schmale Streifen schneiden.

2. Auf die Sushimatte ein Noriblatt legen. Die Hände anfeuchten und das Blatt zu zwei Dritteln flach mit Sushireis bedecken. Dabei bis an die Ränder gehen, damit die Rolle später überall gleich dick ist (abgesehen von dem oberen Drittel, das frei bleibt).

3. Nach Belieben in die Mitte des Blattes auf den Reis einen sehr dünnen Streifen Wasabi auftragen. Auf diesen Streifen, je nachdem, was man machen möchte, einen Rettichstreifen, Gurkenstreifen, die Lachsscheiben oder die Aburaage legen.

4. Die Sushimatte nun von unten anheben und so rollen, dass der Anfang der Matte dort aufkommt, wo der Reis auf dem Noriblatt endet. Das gerollte Sushi mit der Matte noch einmal vorsichtig, aber fest zusammendrücken.

5. Das nicht bestrichene Noristück bleibt normalerweise an der restlichen Rolle kleben. Sollte dies nicht der Fall sein, die Stelle einfach mit ein bisschen Wasser anfeuchten und an die Rolle festdrücken.

6. Die Rolle kurz liegen lassen und dann mit einem scharfen Messer in 8 gleich große Stücke schneiden.

7. Die fertigen, kleinen Sushiröllchen mit Wasabi und Sojasoße servieren.

卷寿司

Nigirizushi

Sushi mit Topping

Für jeweils 8 Nigiri mit Lachs, Gambas und Tamagoyaki

300 g ungekochter Sushireis
100 g frisches, rohes Lachsfilet
8 frische, ungekochte Gambas oder große Garnelen
1 Rolle Tamagoyaki (Seite 56)
Wasabipaste
evtl. 1 Stück Sushinori

1. Den Sushireis nach Anleitung kochen (Seite 62). Das Lachsfilet mit einem scharfen Messer in 8 dünne Scheiben schneiden. Dazu das Filet, je nach Form, in ca. 5 cm breite Streifen teilen. Diese Streifen halbieren und aus den Hälften jeweils 2 dünne Scheiben schneiden (siehe Foto). So sollten insgesamt 8 bis 12 Filetscheiben entstehen, je nach Form und Verschnitt.

2. Wasser in einem Topf zum Kochen bringen. Wenn nötig, am Rücken den Darm aus den Gambas entfernen. Diese dann in das kochende Wasser geben und 2 Minuten kochen. Nun die Meerestiere vorsichtig aus der Schale lösen. Dabei besonders vorsichtig mit dem Schwanz umgehen, damit dieser beim Herauslösen nicht abreißt.

3. Mit einem Messer am Bauch von der Schwanzflosse bis zum Hals mittig einschneiden, sodass sie am Rücken gerade noch zusammenhängen. Dadurch können sie später auf das Reisbällchen gelegt werden.

4. Die Tamagoyakirolle in 8 dünne Stücke schneiden.

5. Die Hände mit Wasser befeuchten und aus dem Reis 24 gleich große, längliche Bällchen formen. Auf die Oberseite der Bällchen mit dem Finger einen dünnen Streifen aus Wasabi auftragen. Nun, je nachdem, was man zubereiten möchte, den Fisch, die Gambas oder die Tamagoyakischeiben auf die Bällchen legen und das Sushi anrichten. Wer gerne Nori dazu essen möchte, kann einen dünnen Streifen davon wie einen Gürtel um die Nigirizushi spannen.

握り寿司

Temakizushi

Sushi in der Tüte

Für jeweils 4 Käse-Tomaten-, Lachs-Avocado- und Mais-Temaki

300 g ungekochter Sushireis
3 Blätter Sushinori
100 g französischer Weichkäse
2 Cherrytomaten
100 g geräucherter Lachs
½ Avocado
100 g Mais aus der Dose
50 g Mayonnaise
Salz, Pfeffer

1. Den Reis nach Anleitung kochen (Seite 62).

2. Käse-Tomaten-Temaki: Die härtere, äußere Schicht vom Käse entfernen und in 4 dünne Streifen schneiden. Die Cherrytomaten waschen und vierteln. Das Noriblatt mit einer Schere in 4 gleich große Quadrate schneiden. Den Sushireis so auf den Quadraten verteilen, dass ein äußerer Rand frei bleibt. In die Mitte des Quadrates einen Streifen Käse und zwei Cherrytomatenviertel legen, sodass 2 Reisdreiecke entstehen. Nun das Sushi wie eine Tüte zusammenrollen.

3. Lachs-Avocado-Temaki: Den Lachs und die Avocado in Streifen schneiden. Das Noriblatt mit einer Schere in 4 gleich große Quadrate schneiden. Den Sushireis so auf den Quadraten verteilen, dass ein äußerer Rand frei bleibt. In die Mitte des Quadrates einen Lachs- und einen Avocadostreifen legen, sodass 2 Reisdreiecke entstehen. Das Sushi wie eine Tüte zusammenrollen.

4. Mais-Temaki: Den Mais abtropfen lassen, mit der Mayonnaise vermischen und mit Pfeffer und Salz abschmecken. Das Noriblatt mit einer Schere in 4 gleich große Quadrate schneiden. Den Sushireis so auf den Quadra-ten verteilen, dass ein äußerer Rand frei bleibt. In die Mitte des Quadrates mit einem Teelöffel einen Streifen Maissalat ziehen, sodass 2 Reisdreiecke entstehen. Das Sushi wie eine Tüte zusammenrollen.

手卷寿司

Sushiingwer

Für ein 400-ml-Glas
400 g Ingwer
2 TL Salz
200 ml Su (Reisessig)
220 g Feinkristallzucker

1. Den Ingwer schälen und in hauchdünne Scheiben schneiden – am besten mithilfe eines Sparschälers so dünn, dass man fast durchsehen kann.

2. Die Ingwerscheiben auf 2 Schüsseln flach verteilen. Über jede 1 TL Salz streuen und alles 30 Minuten ziehen lassen. Das Salz zieht das Wasser aus dem Ingwer, sodass dieser später die Marinade besser aufsaugen kann.

3. Während der Ingwer zieht, kann das Glas sterilisiert werden. Dazu ein Glas mit Deckel gründlich ausspülen. Dann einen Topf, in den das Glas vollständig hineinpasst, mit Wasser füllen und zum Kochen bringen.

Sobald das Wasser kocht, das Glas und den Deckel hineinlegen und etwa 10 Minuten lang sterilisieren. Danach das Glas und den Deckel auf einem sauberen Geschirrtuch trocknen lassen – am besten mit der Öffnung nach unten.

4. Den Su und den Zucker zum Kochen bringen, bis sich der Zucker aufgelöst hat. Dann den Ingwer in den Topf geben und 1 Minute kochen lassen. Den Topf vom Herd nehmen und abkühlen lassen.

5. Den Inhalt des Topfes in das Glas füllen und gut verschließen. Der Ingwer muss jetzt mindestens 2 Wochen durchziehen, bevor er gegessen werden kann.

Der Ingwer ist im Kühlschrank bis zu 10 Monate lang haltbar. Im Laufe der Zeit färbt er sich rosa!

生姜

Süßes

Auch Japaner sind Naschkatzen! In keinem anderen Bereich der japanischen Küche kombinieren sie westliche und japanische Einflüsse so sehr wie hier.

Einerseits lieben die Japaner ihre traditionellen süßen Reisbällchen wie Hanami oder Mitarashi Dango, andererseits sind westliche Kuchen und Torten für sie ein Hochgenuss.

Bestes Beispiel dafür ist die Matcharolle, bei der der Zauber des Kuchens mit japanischem Tee und Früchten ergänzt wird. Auch Anpan ist ein Produkt dieser beiden Einflüsse, das es nur in Japan gibt. Brot aus dem Westen und süße, rote Bohnenpaste aus dem Osten: ein tolles Zusammenspiel der beiden Kulturen.

Anpan

Brötchen mit süßer Bohnenfüllung

Für 12 Stück

Teig:
100 g Butter
150 ml Milch
1 Würfel Hefe
1 Ei
375 g Weizenmehl
50 g Feinkristallzucker

Füllung:
150 g gesüßte Ankopaste

Topping:
1 Eigelb
2 EL Milch
1 EL geschälter weißer Sesam

1. Die Butter in einem Topf zerlassen. Dann vom Herd nehmen, die Milch dazugeben und abkühlen lassen, bis die Mischung lauwarm ist.

2. Den Hefewürfel in der lauwarmen Butter-Milch-Mischung auflösen. Das Mehl, den Zucker und das Ei in eine Schüssel geben. Anschließend den Topfinhalt in die Schüssel füllen und alles zu einem schönen Teig kneten.

3. Den Teig an einem warmen Ort 40 Minuten gehen lassen, sodass er sein Volumen vergrößert.

4. Aus der Ankopaste 12 gleich große Kugeln formen. Den Teig ein Mal kräftig durchkneten und daraus ebenfalls 12 gleich große Kugeln rollen.

5. Mit einem Nudelholz aus den Teigkugeln dünne Fladen rollen und in die Mitte der Fladen die Ankokugeln platzieren. Nun den Teig um das Anko vollständig verschließen, sodass kleine Brötchen entstehen. Die gefüllten Teigkugeln an einem warmen Ort weitere 40 Minuten gehen lassen.

6. Für das Topping das Eigelb und die Milch mit einem Schneebesen verquirlen. Mit einem Backpinsel die Oberfläche der Brötchen damit bestreichen und anschließend mit Sesam bestreuen.

7. Die Anpan auf ein mit Backpapier belegtes Backblech legen und im vorgeheizten Ofen bei 180 °C für ca. 13 Minuten backen.

あんパン

Christmascake

Weihnachtskuchen

Für 1 Kuchen (Ø 26 cm)
Teig:
6 Eier
200 g Feinkristallzucker
150 g Weizenmehl
50 g Speisestärke
25 g Vanillepuddingpulver
1 TL Backpulver

Margarine zum Einfetten
Backpapier

Füllung:
500 g Sahne
1 Päckchen Vanillezucker
1 Kiwi
1 Banane
8 Erdbeeren

Kiwi, Banane und Erdbeeren zum Verzieren

1. Die Eier trennen und das Eiweiß mit einem Handrührgerät steif schlagen. Weiterrühren und den Zucker nach und nach einrieseln lassen. Dann das Eigelb unterrühren. Die restlichen Zutaten für den Teig in einer zweiten Schüssel miteinander vermischen und mit einem Teigschaber unter die Eimischung heben.

2. Eine Springform (Ø 26 cm) am Boden mit Backpapier auslegen und den Rand mit Margarine einfetten. Den Teig einfüllen und im vorgeheizten Ofen bei 180 °C für etwa 30 Minuten backen.

3. Den Kuchen aus der Springform lösen und abkühlen lassen. Mit einem langen Messer den Biskuit halbieren, sodass zwei dünnere Kuchenböden entstehen.

4. Die Sahne mit dem Vanillezucker steif schlagen. Auf die Innenseite von einem der beiden Kuchenböden eine dicke Sahneschicht (ca. 150 g) auftragen. Das Obst in Scheiben schneiden und den Kuchenboden damit belegen.

5. Die Innenseite des zweiten Kuchenbodens mit einer dünneren Sahneschicht (100 g) bestreichen und so auf den anderen Kuchenboden legen, dass beide Sahneschichten aufeinanderliegen.

6. Mit der restlichen Sahne den Kuchen außen bestreichen. Nun den Kuchen mit den Früchten nach Belieben verzieren.

クリスマスケーキ

Hanami Dango

Kirschblütenspieß

Für 8 Spieße

Teig:
175 g Klebreismehl
50 g Reismehl
1 EL gesüßte Ankopaste
1 TL Matchapulver
ca. 210 ml Wasser

8 Spieße
Backpapier

1. Klebreismehl, Reismehl und 200 ml Wasser in einer Schüssel miteinander vermischen und daraus einen glatten Teig kneten. Dieser sollte die Konsistenz eines Ohrläppchens haben.

2. Den Teig in 3 gleich große Stücke teilen und auf verschiedene Schüsseln verteilen. Zu einem Teigdrittel das Anko geben und beides zusammenkneten, sodass der Teig eine zartrosa Farbe bekommt.

3. Das Matchapulver mit 2 TL Wasser vermischen und zu einem der anderen Teigdrittel geben und kneten, damit der Teig eine gleichmäßig hellgrüne Farbe bekommt.

4. Nun aus jedem Teig 8 gleich große Kugeln formen. Aus dem Backpapier kleine Quadrate schneiden, die etwas größer sind als die Reisteigbällchen. Die Bällchen auf die Quadrate setzen.

5. Dämpfen im Reiskocher: In den Kochtopf des Reiskochers 200 ml Wasser füllen. Den Dämpfaufsatz einlegen und einige der Backpapier-Reisteigbällchen auf den Dämpfeinsatz legen, sodass dazwischen noch etwas Platz ist. Den Reiskocher schließen, auf „Kochen“ einstellen und 15 Minuten dämpfen lassen.

6. Dämpfen im Bambusdämpfer: Einen Topf, auf den der Dämpfer passt, mit Wasser füllen und zum Kochen bringen. Die Backpapier-Reisteigbällchen in den Dämpfer legen und diesen schließen. Anschließend den Bambusdämpfer auf den Topf setzen und 15 Minuten dämpfen lassen.

7. Jeweils 3 Reisbällchen, von jeder Farbe einen, auf einen Spieß ziehen.

花見団子

Matcharolle

Für 1 Rolle

Teig:
4 Eier
150 g Feinkristallzucker
100 g Weizenmehl
25 g Stärke
1 TL Backpulver
2 TL Matchapulver
4 TL Milch

Füllung:
300 ml Sahne
1 Pkg. Vanillezucker
1 Sharon- bzw. Kakifrucht oder Pfirsiche aus der Dose

Puderzucker zum Bestreuen
Backpapier

1. Die Eier trennen und das Eiweiß mit einem Handrührgerät steif schlagen. In einer weiteren Schüssel das Eigelb zusammen mit dem Zucker schaumig schlagen, bis es fast weiß geworden ist.

2. Das Mehl, die Stärke und das Backpulver unter die Eigelbmasse heben. Das Matchapulver in einer kleinen Schüssel mit der Milch mischen, bis es sich vollständig aufgelöst hat. Dann die Matchamilch zu dem Teig geben und unterheben. Den Eischnee mit einem Teigschaber ebenfalls vorsichtig unterheben, sodass der Teig nicht zu viel Volumen verliert.

3. Ein Backblech mit Backpapier auslegen und den Teig mit dem Teigschaber gleichmäßig darauf verteilen. Den Teig im vorgeheizten Ofen bei 200 °C Umluft 12 Minuten backen. Es ist wichtig, dass der Kuchenteig außen gar nicht oder nur wenig braun wird.

4. Das Backblech aus dem Ofen holen und den Kuchen sofort vom Blech nehmen. Dann den heißen Kuchen mithilfe des Backpapiers von einer kürzeren Seite her aufrollen. Die Rolle vollständig abkühlen lassen.

5. Die Sahne und den Vanillezucker in eine Schüssel geben und mit einem Handrührgerät steif schlagen. Die Sharon- oder Kakifrucht schälen und in kleine Stückchen schneiden.

6. Den Kuchen ausrollen und das Backpapier vorsichtig lösen. Die Innenseite mit einer Sahneschicht bestreichen und mit den Fruchtstückchen bestreuen. Die Rolle erneut zusammenrollen und mit Puderzucker berieseln.

抹茶ロール

Mitarashi Dango

Gebratene Reiskugeln mit süßer Soße

Für 8 Spieße

Teig:
175 g Klebreismehl
50 g Reismehl
200 ml Wasser

Soße:
100 ml Wasser
60 g Feinkristallzucker
2 EL Sojasoße
1 TL Stärke
1 EL Wasser

8 Spieße
Backpapier

1. Klebreismehl, Reismehl und Wasser in einer Schüssel miteinander vermischen und daraus einen glatten Teig kneten. Dieser sollte die „Konsistenz eines Ohrläppchens" haben.

2. Aus dem Teig 24 gleich große Kugeln formen. Das Backpapier in kleine Quadrate schneiden, die etwas größer sind als die Reisteigbällchen. Die Bällchen auf die Quadrate setzen.

3. Dämpfen im Reiskocher: In den Kochtopf des Reiskochers 200 ml Wasser einfüllen. Den Dämpfaufsatz einlegen und einige der Backpapier-Reisteigbällchen auf den Dämpfeinsatz platzieren, sodass sie sich nicht berühren. Den Reiskocher schließen, auf „Kochen" einstellen und 15 Minuten dämpfen lassen.

4. Dämpfen im Bambusdämpfer: Einen Topf, auf den der Dämpfer passt, mit Wasser füllen und zum Kochen bringen. Die Backpapier-Reisteigbällchen in den Dämpfer legen und diesen schließen. Nun den Bambusdämpfer auf den Topf setzen und 15 Minuten dämpfen.

5. Eine Pfanne heiß werden lassen. Jeweils 3 Dango auf einen Spieß ziehen und in die Pfanne legen. Jede Seite kurz anbraten, sodass sie eine leichte braune Färbung bekommen.

6. Für die Soße in einem Topf 100 ml Wasser, den Zucker und die Soja-soße aufkochen lassen. Die Stärke mit 1 EL Wasser verrühren. Die Soße vom Herd nehmen und die Stärke-Wasser-Mischung mit einem Schneebesen einrühren, sodass eine dickflüssige Soße entsteht. Diese über die Dango geben.

御手洗団子

Mille Crêpes

Crêpestorte

Für 1 Torte

Teig:
450 g Weizenmehl
1 l Milch
3 Eier
1 Prise Salz
3 EL Öl

Öl zum Ausbacken

Füllung:
500 ml Milch
1 Pkg. Vanillepuddingpulver
150 g Feinkristallzucker
200 ml Sahne
½ Pkg. Vanillezucker
200 g Schmand

1. Für den Teig das Mehl, die Milch, die Eier, das Salz und das Öl in eine Schüssel füllen und mit einem Handrührgerät mixen, bis keine Klümpchen mehr sichtbar sind. Den Teig mit Alufolie abdecken und eine Stunde in den Kühlschrank stellen.

2. Während der Teig ruht, für die Füllung 400 ml Milch in einem Topf zum Kochen bringen. Währenddessen das Puddingpulver und den Zucker in einer kleinen Schüssel mischen. Die restliche Milch dazugeben und alles mit einem Schneebesen verrühren, bis keine Klümpchen mehr sichtbar sind. Sobald die Milch kocht, den Topf vom Herd nehmen und die Pudding-Zucker-Mischung einfließen lassen. Den Topf wieder auf die heiße Platte stellen und unter Rühren noch einmal aufkochen lassen. Den Pudding zum Abkühlen beiseitestellen.

3. Sobald der Teig durchgezogen ist, eine Pfanne stark erhitzen. 1 TL Öl in die Pfanne geben und leicht schwenken, damit sich das Öl verteilt. Mit einer Kelle so viel Teig in die Pfanne geben, dass diese überall nur ganz leicht bedeckt ist. So entstehen sehr dünne Pfannkuchen. Den Pfannkuchen von jeder Seite 1 Minute backen. Nach diesem Schema den gesamten Teig verbrauchen.

4. Die Sahne mit dem Vanillezucker mischen und steif schlagen. Den Schmand mit dem Vanillepudding mischen und die Sahne unterheben.

5. Einen Pfannkuchen mit einer dünnen Schicht Puddingcreme bestreichen. Dann einen weiteren Pfannkuchen auf die Creme legen und ebenfalls bestreichen. Dies so lange wiederholen, bis die Pfannkuchen verbraucht sind. Mit einem Pfannkuchen am Ende abschließen.

Wer will, kann die Pfannkuchentorte zum Beispiel mit Johannisbeeren, roten Trauben, Sternfrucht, Mango, Kiwi, Bocksdornfrüchten und Schokoröllchen verzieren.

ミルクレープ

LOTTE
▲OPEN

Snacks

Wer auf Reisen geht, der hat auch Hunger. In Japan verlassen die Menschen früh das Haus und kehren erst spät zurück, und das auch am Wochenende. Entweder, weil man viel zu tun hat oder, weil man einen kleinen Ausflug macht.

Ein kleiner Tipp: Im Winter wirken frische, warme, dampfende Butaman wahre Wunder! Und im Sommer werden sehr gerne Edamame und Onigiri mitgenommen.

Snacks werden also auch in Japan gerne und oft genossen!

Butaman

Süße Hackfleischküchlein

Für 9 Stück

Teig:
300 g Weizenmehl
3 TL Backpulver
50 g Feinkristallzucker
160 ml warme Milch

Füllung:
½ Zwiebel
1 Frühlingszwiebel
1 kleine Knoblauchzehe
150 g Schweinehackfleisch
1 TL Ingwer, gehackt
2 TL Austernsoße
je 1 TL Sojasoße, Feinkristallzucker, Öl, Sake
1 Prise Pfeffer

Senf zum Dippen

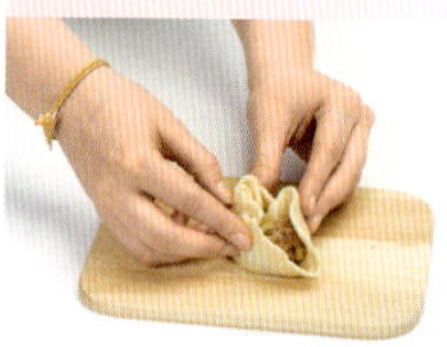

1. Das Mehl und das Backpulver in eine Schüssel sieben. Den Zucker und die lauwarme Milch hinzufügen und alles mit den Händen zu einem geschmeidigen Teig kneten. Den Teig beiseitestellen.

2. Für die Füllung die Zwiebel in kleine Würfel und die Frühlingszwiebel in dünne Ringe schneiden. Die Knoblauchzehe in eine Schüssel reiben und mit den restlichen Zutaten für die Füllung vermischen.

3. Aus dem Teig 9 gleich große Kugeln formen. Eine Kugel mit einem Nudelholz dünn ausrollen und 1 bis 1 ½ TL der Füllung in die Mitte des Teigfladens geben.

4. Den Teig oben zusammendrücken. Um das typische Muster eines Butaman zu bekommen, kann man den Teig am oberen Rand in Falten legen und ihn dann zusammendrücken.

5. Dämpfen im Reiskocher: Den Topf des Reiskochers mit 200 ml Wasser füllen und den Dämpfeinsatz einlegen. Aus Backpapier ein Quadrat ausschneiden, das etwas größer ist als das Butaman. Die gefüllte Teigtasche auf das Quadrat setzen, in den Reiskocher legen und im geschlossenen Topf 20 Minuten dämpfen.

6. Dämpfen im Bambusdämpfer: Einen Topf, auf den der Bambusdämpfer passt, mit Wasser füllen und zum Kochen bringen. Aus Backpapier ein Quadrat ausschneiden, das etwas größer ist als das Butaman. Die gefüllte Teigtasche auf das Quadrat setzen und in den Bambusdämpfer legen. Nun den Deckel schließen und das Butaman 15 Minuten dämpfen.

7. Die fertigen Butaman mit einer kleinen Schale Senf servieren. In Senf gedippt schmecken sie noch ein wenig herzhafter. Butaman kann man sowohl heiß als auch kalt servieren.

豚まん

Edamame

Junger Sojasnack

Für 4 Portionen
600 ml Wasser
300 g Edamame, tiefgefroren
½ TL Salz

1. Das Wasser in einem Topf zum Kochen bringen. Sobald das Wasser kocht, die Edamame und das Salz hinzufügen. Die Sojabohnen für 3 Minuten kochen, dann das Wasser abgießen und die Sojabohnen servieren. Die „jungen“ Bohnen werden direkt von der Hülse in den Mund gedrückt.

Edamame sind unreife Sojabohnen. Gekocht und frisch verzehrt sind sie ein hervorragender Lieferant von Kohlenhydraten, Proteinen und Ballaststoffen.

Edamame werden in Japan besonders gern im Sommer gegessen. Sie eignen sich hervorragend zu Bier und als Snack zum Grillen! Im Kühlschrank sind die gekochten Sojabohnen bis zu drei Tage haltbar.

Korokke

Kartoffel-Hackfleisch-Kroketten

Für 12 Stück
1 kg Kartoffeln
1 Zwiebel
25 g Butter
250 g gemischtes Hackfleisch
150 ml Milch
Salz, Pfeffer
4 Eier
300 g Weizenmehl
150 g Panko

reichlich Öl zum Frittieren oder Braten

1. Die Kartoffeln schälen, in Würfel schneiden und in Salzwasser gar kochen.

2. Während die Kartoffeln kochen, die Zwiebel in kleine Würfel schneiden. Die Butter in einer Pfanne erhitzen und die Zwiebelwürfel darin glasig dünsten. Dann das Hackfleisch dazugeben und anbraten, bis es braun ist.

3. Die fertigen Kartoffeln in einer Schüssel mit der Milch mischen und mit einem Kartoffelstampfer zu einem weichen Brei verarbeiten. Die Zwiebel-Hackfleisch-Mischung unterrühren und das Püree mit Salz und Pfeffer abschmecken. Danach ein Ei dazugeben und alles erneut vermischen.

4. Die restlichen 3 Eier verquirlen. Die Hände mit Mehl bestäuben und aus dem Kartoffelbrei 12 Taler formen. Das Mehl, die verquirlten Eier und das Panko jeweils in eine Schüssel geben. Die Taler zuerst in dem Mehl wälzen, dann in die Eier tunken und anschließend im Panko wenden, sodass die Kartoffelmasse vollständig damit bedeckt ist.

5. Variante 1: 700 ml Öl in einen Topf geben und auf mittlerer Hitze erwärmen. Das Öl sollte eine Temperatur von 170 °C nicht überschreiten. Die Korokke in das Öl geben und frittieren, bis sie außen goldgelb sind. Mit einer Schaumkelle herausnehmen und auf Küchenpapier abtropfen lassen.

6. Variante 2: Eine Pfanne erhitzen und mit reichlich Öl bedecken. Die Korokke in die Pfanne geben und so lange braten, bis sie außen goldgelb sind.

Korokke schmecken warm am besten!

Gyoza

Gefüllte Teigtaschen

Für 20 Stück

Füllung:
50 g Weißkohl
2 Knoblauchzehen
1 Frühlingszwiebel
1 EL gehackter Ingwer
150 g Schweinehackfleisch
1 EL Feinkristallzucker
1 EL Sojasoße
1 EL Öl
1 TL Sake

Teig:
½ Päckchen tiefgekühlter Gyozateig

oder:
180 g Weizenmehl
100 ml Wasser

Dip:
3 EL Sojasoße
1 EL Su (Reisessig)

1. Den Weißkohl und den Knoblauch fein hacken, die Frühlingszwiebel in Ringe schneiden. Alle Zutaten für die Füllung in einer Schüssel miteinander vermengen.

2. Für selbst gemachten Gyozateig Mehl und Wasser in einer Schüssel vermischen und zu einem glatten Teig kneten. Der Teig sollte weder kleben noch auseinanderbröckeln. Bei Bedarf etwas Mehl oder Wasser hinzufügen. Aus dem Teig 20 gleich große Kugeln formen und diese hauchdünn ausrollen. Dazu die Arbeitsfläche leicht mit Mehl bestäuben.

3. 1 TL der Füllung auf jeweils einen Gyozateigfladen geben und den Teig am Rand mit Wasser anfeuchten. Dann den Teig zusammendrücken, sodass eine gefüllte Tasche entsteht. Wer es besonders schön machen will, kann den oberen Rand in Falten legen.

4. Eine Pfanne erhitzen und die Gyozataschen für ca. 30 Sekunden hineinlegen, sodass sie an der Unterseite leicht braune Stellen haben. Sobald die Gyoza von unten braun sind, 50 ml Wasser in die Pfanne gießen und einen durchsichtigen Deckel daraufsetzen. Wenn das Wasser vollständig vom Pfannenboden verdunstet ist, sind die Gyoza fertig.

5. Für den Dip die Sojasoße und den Essig miteinander vermischen.

餃子

Onigiri

Gefüllte Reisbällchen

Für je 6 Onigiri
450 g ungekochter Reis
1 Frühlingszwiebel
80 g Mayonnaise
150 g Thunfisch aus der Dose
Salz, Pfeffer
ungerösteter schwarzer Sesam
Nori nach Belieben

1. Den Reis nach Anleitung kochen (Seite 62). Die Frühlingszwiebel in dünne Ringe schneiden. Mayonnaise, Thunfisch und Frühlingszwiebelringe in einer kleinen Schüssel miteinander vermischen und mit Salz und Pfeffer abschmecken.

2. Für die Thunfisch-Onigiri aus dem gekochten Reis 12 Ballen formen. Dazu die Hände anfeuchten, eine halbe Handvoll Reis nehmen und platt drücken. Darauf 1 TL der Thunfischfüllung geben. Dann mit einer weiteren halben Handvoll Reis bedecken und zu einem Dreieck formen. Nach Belieben mit Nori einwickeln.

3. Für die Sesam-Onigiri aus dem Reis 6 Dreiecke formen. Dazu die Hände anfeuchten, eine Handvoll Reis nehmen und mit beiden Händen zusammendrücken. Den Sesam auf der Arbeitsfläche verstreuen und den Reisball darin wälzen.

4. Für die Salz-Onigiri aus dem Reis 6 Dreiecke formen. Dazu die Hände anfeuchten, eine Handvoll Reis nehmen und mit beiden Händen zusammendrücken. Diesen nun mit etwas Salz bestreuen. Nach Belieben einen Streifen Nori darumbinden, damit man ihn später besser anfassen kann.

Bei der Zubereitung von Onigiri kann man kreativ werden! Füllen Sie sie mit verschiedenen Zutaten, zum Beispiel Käse, Lachs oder Gemüse.

おにぎり

Bezugsquellen

Morita
www.japan-shop-morita.de

Japan Feinkost
www.japan-feinkost.de

Otsumami Land
www.otsumami-land.com

Dae-Yang
www.dae-yang.de

Asia Foodland
www.asiafoodland.de

Nippon-Ya
www.nippon-ya.rakuten-shop.at

Register